후쿠시마의 고양이

동물들을 마지막까지 지켜주고 싶습니다

후쿠시마의 고양이

동물들을 마지막까지 지켜주고 싶습니다

책공장더불어

시로
2013년 여름에
태어났다.
암컷. 양쪽 눈 색깔이
다른 오드아이이다.
보건소로 가기 직전에
구사일생으로 구해져서
마츠무라 씨에게 왔다.

사비
2013년 여름에
태어났다.
암컷.
얼룩덜룩한 무늬의
고양이.
시로와는 자매이다.

마츠무라
후쿠시마 도미오카의
경계 구역으로 지정되었던
곳에 산다.
대지진 후에도
고향에 머물며 동물을
돌보고 있다.

마츠무라 씨와
고양이 시로와 사비가 사는 곳

'원자력, 밝은 미래의 에너지'라는
표어가 붙어 있던 곳.
원전 폭발 사고 전에 원자력발전에 대한
표어 짓기 대회에서 뽑힌 초등학교
6학년생의 표어이다.

◉ 후타바마치

후쿠시마 제1원자력발전소 ☢

경제산업성(한국의 경제산업부에 해당)
원자력안전보안원. 흔히 오프사이트센터라고 불린다.
긴급 사태가 발생했을 때
대책을 세우는 거점으로 〈원자력재해특별처치법〉에
의해 지정된 시설이다. 그런데 원전과 너무 근접해 있어서
2011년 사고 당시에는 거의 기능을 하지 못했다.

◉ 오오구마마치

◉ 도미오카마치

일본축구협회 등이 만든 스포츠 시설이 있는 곳.
원전 폭발 사고 이후 사고 수습 거점으로 활용되었다.
2020년 동경올림픽을 위해 복구가 결정되었다.

시 로 와 사 비 와 마 츠 무 라 씨

흰고양이 시로와 얼룩덜룩한 무늬의 사비.
후쿠시마의 동물보호시설 앞에 버려졌던
이 고양이 자매를 마츠무라 씨가 데려왔다.
마츠무라 씨는 후쿠시마 제1원자력발전소에서
가까운 도미오카에 혼자 남아서
원전 폭발 사고 지역으로부터 20킬로미터
이내에 남겨진 동물들과 함께 살고 있다.

남겨진 동물을 돌보는 남자

내가 마츠무라 씨를 처음 만난 것은 2011년 6월이다.

당시에 나는 프리랜서 카메라맨으로 동일본대지진 후 사람들이 모두 사라진 후쿠시마 제1원전 20킬로미터 이내에 남겨진 동물들을 찾아다니며 구조하거나 밥을 챙기는 일을 하고 있었다.

그날 나는 원전으로부터 10킬로미터 떨어진 도미오카에서 개, 고양이에게 밥을 주고 있었다. 그런데 사람이라고는 볼 수 없던 길에서 작업복 차림의 무뚝뚝한 표정의 남자와 딱 마주쳤다. 바로 마츠무라 씨였다.

당시 그곳은 피폭 위험이 아주 높아서 머무는 것이 법으로 금지되어 있었다. 그런데 마츠무라 씨는 그곳에 홀로 남아 사람들이 피난 가면서 남겨진 개와 고양이를 찾아다니며 밥을 챙기고 있었다. 또한 상업적 가치가 없어져서 살처분당하기만을 기다리는 소들도 데려 와서 돌봤다. 그가 없었다면 도미오카 마을의 동물은 전멸했을 것이다.

그렇게 지내던 마츠무라 씨가 2013년 7월에 보건소로 보내져 안락사될 새끼 고양이를 구조해서 집으로 데려왔다는 소식을 들었다. 나는 바로 마츠무라 씨에게 찾아갔다. 거기에 시로와 사비가 있었다.

이 책은 마츠무라 씨와 고양이 시로와 사비가 모두가 떠난 후쿠시마의 한 귀퉁이에서 살아가고 있는 이야기이다.

시 로

살짝 사팔뜨기 모습이 보이는 시로는 양쪽 눈 색깔이 다른 예쁜 오드아이이다.

함께 산 지 얼마 지나지 않아 마츠무라 씨의 산책 친구가 되었다.

느긋하고 애교가 많은 시로.

마츠무라 씨는 시로를 보며 "어리버리한 녀석이라니까."라며 웃는다.

사 비

사비는 풀 속에 숨으면 찾아내기 힘든 보호색과 같은 털을 가졌다.
쥐, 참새 사냥을 얼마나 잘 하는지 야성미가 넘치는 명 사냥꾼이다.
시로가 못살게 굴어도 참는 언니 같은 구석도 있지만 응석받이 구석도 있다.

마츠무라 씨

무뚝뚝해 보이지만 동물들에게 무한 애정을 쏟는 따뜻한 사람이다.
술과 낫토만 있으면 살아갈 수 있는 사치와는 거리가 먼 사람이기도 하다.
언제나 작업복을 입고 지내는데 강연을 위해
파리에 갔을 때도 역시 새로 만든 작업복 차림이었다.
해외에서는 '후쿠시마의 마지막 사람'이라고 불린다.

어떤 것도 죽게 내버려 둘 순 없어

2013년 초여름, 후쿠시마 현에서 운영하는 동물보호시설 앞에 고양이 네 마리가 버려져 있었다. 그 보호시설은 사고가 난 원전 20킬로미터 이내의 개와 고양이만 받는다는 규칙이 있는 곳이었다. 그러니 어디에서 왔는지 누가 버렸는지 알 수 없는 네 마리는 보건소로 보내질 터였고, 그곳으로 가면 바로 살처분될 운명이었다.

동물을 버린 사람들은 모른다. 버려진 동물들이 어떻게 되는지. 그들은 믿고 싶지 않겠지만 보건소로 간 동물들을 기다리는 것은 죽음뿐이다. 하지만 네 마리 새끼 고양이는 살 운명이었던 모양이다. 보호시설의 자원봉사자가 새끼 고양이를 살리기 위해 입양자를 찾던 중 알고 지내던 마츠무라 씨에게 연락을 한 것이다.

"불쌍하네. 죽게 내버려 둘 수는 없지."

이런 마음으로 후쿠시마의 버려진 많은 동물들을 보살피던 마츠무라 씨는 고양이들을 모두 집으로 데려왔다. 이번에도 인간이 동물을 죽게 내버려 둘 수 없다는 마음이었다.

그 후 수컷 두 마리는 홋카이도로 입양 갔고, 남은 자매 시로와 사비가 마츠무라 씨와 함께 살게 되었다.

보이는 모습 그대로 이름을 지은 마츠무라 씨.

"새하야니까 시로지 뭐. 사비는 녹이 슨 것 같은 무늬니까 사비고."(시로는 일본어로 하얗다. 사비는 녹이라는 뜻이다)

이름을 대충 지었나 생각했는데 지내다 보니 그런대로 잘 어울리는 이름인 것 같다. 이제는 시로와 사비도 자기 이름을 정확히 구별한다. 마츠무라 씨는 시로와 사비의 이야기가 나오면 즐겁다. 행복한 얼굴로 시로의 성격은 어떻고, 사비의 성격은 어떻다며 즐겁게 얘기한다.

그렇게 가족이 되었다

시로와 사비는 마츠무라 씨 농장의 가족이 되었다.

마츠무라 씨네 가족은 이시마츠라는 이름의 개, 타조, 멧돼지,

망아지 그리고 30마리의 소이다.

겁이 없는 천둥벌거숭이 시로는 타조에게 가까이 다가가기

일쑤이다.

"시로 이놈 가지 마. 그러다가 큰일난다."

겁 없는 시로는 이렇게 마츠무라 씨에게 자주 혼이 난다.

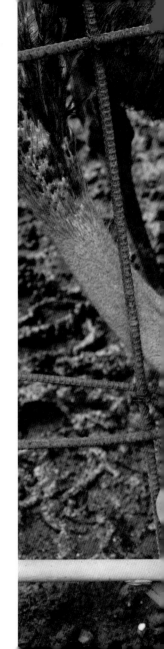

곤란해

개 이시마츠의 먹이를 가로채는 시로.
억울하지만 참을성 있게 기다리는 착한 이시마츠.
그 모습이 재미있는 마츠무라 씨.

친구니까

시로는 이시마츠와 장난치며 노는 걸 좋아한다.
귀를 물고 늘어지는 시로를 이시마츠가 물어서 들어올리기도 하는데
친한 친구 사이인 둘은 절대 상처를 입히지 않는다.

타조 모모

타조 모모는 성격이 까칠해서 고양이들에게 별로 관대하지 않다.
그런데 시로가 새끼일 때 무서운 줄 모르고
모모의 영역 안으로 아무렇지도 않게 들어가곤 했다.
다행히 큰 후에는 타조가 무서운 줄 알게 되었다.
멀찍이서 모모를 쳐다보는 시로와 사비.

산책 가자

"시로야, 사비야, 산책 가자!"
소의 밥을 챙기고 난 오후
시로와 사비, 마츠무라 씨가 산책을 나간다.

행복해 보인다

중요한 하루 일과가 된 산책.

차가 다니지 않는 도로 위를 느릿느릿 걸어간다.

"뭐해, 시로. 어여 가자."

호기심이 많아서 뭔가 보일 때마다 멈춰 서서 들여다보느라 뒤처지는 시로를 기다려 주는 마츠무라 씨. 뒤돌아보고 가다가 또 돌아보고 걷는다. 그러나 시로는 여전히 자기 속도로 걷는다. 뒤처졌다가는 마구 뛰어와서 따라잡고 마츠무라 씨에게 몸을 비비면서 다리 사이로 요리조리 걷다가 또 느릿느릿 걷는다.

겁이 많아서 어릴 때에는 산책을 함께 못 다니던 사비도 크면서 산책을 따라나서게 되었다.

산책을 하는 마츠무라 씨네 가족은 행복해 보인다. 이것저것 참견하느라 뒤처지는 시로와 사비도 마츠무라 씨가 부르면 냉큼 달려온다.

어미이자 친구

도로가 기분 좋게 차갑다.
매미들의 합창을 들으며 세 가족이 도로 위해서 쉰다.
마츠무라 씨는 시로와 사비를 보호하는 어미이기도 하고,
함께 노는 친구이기도 하다.
나도 고양이를 기르지만 무릎에 앉히고
쓰다듬어 주는 게 다인데 마츠무라 씨는 자연 속에서
정말 재미있게 놀아 준다. 마츠무라 씨가 길가의
긴 강아지풀을 하나 뽑아서 흔들면 시로와 사비는
풀을 쫓아서 지칠 때까지 논다.

스스로 자신을 지키는 법

새끼 고양이였던 시로와 사비에게 마츠무라 씨가 가장 먼저 가르친 것은 스스로의 힘으로 자신을 지키는 법이었다. 실내에서 사는 집고양이와는 달리 곳곳에 적이 있는 자연 속에서 살아야 하는 둘에게 스스로를 지키는 힘은 무엇보다 중요했다.

집 밖에는 너구리, 여우, 멧돼지 같은 동물이 많이 살고 있어서 마츠무라 씨가 시로와 사비에게 무엇보다 철저히 가르친 것은 '지붕 위로 도망가기'였다.

시로와 사비를 지붕으로 살짝 던져 올린 다음 사다리를 타고 내려오게 했다. 이런 행동을 반복하자 시로와 사비는 자연스럽게 높은 곳으로 도망가는 방법을 익혔다.

먼저 살고 있는 동물들과 잘 지내는 것도 중요했다. 개 이시마츠는 물론 타조와도 가족으로 함께 살아야 했다. 이시마츠에게 물리거나 타조에게 밟히면 새끼 고양이들은 살아남을 수 없었다.

마츠무라 씨는 이시마츠에게 시로와 사비를 조심스럽게 인사시키면서 함께 살 가족이라고 되풀이해서 말했다. 덕분에 이시마츠는 시로와 사비를 가족으로 받아들였고 한 번도 공격하지 않았다.

장난꾸러기 이시마츠가 놀자고 덮칠 때가 있지만 시로와 사비는 적당히 잘 빠져나온다. 물론 재빠르지 못하고 둔한 시로는 가까이 갔다가 종종 이시마츠에게 잡히기도 하지만 말이다.

사비는 늘 시로에게 양보한다

나무타기도 가르쳤다.
나무타기는 고양이가 적으로부터 몸을 지킬 수 있는 방법 중 하나이다.
둘은 이제 프로급이라고 할 수 있을 정도로 제법 나무를 잘 탄다.
먼저 퐁 하고 나무에 오르는 시로와 지켜보는 사비.
사비는 어떤 경우에도 늘 시로에게 일등을 양보한다.

"이 녀석아, 가만히 있어 봐. 발 닦아야지. 방바닥에 다 묻히겠어."

하루 일을 마치고 잠시 쉬려고 앉은 마츠무라 씨. 그 곁을 시로와 사비가 맴돌며 놀기 시작한다.

따라잡기 놀이에 아주 신이 난 시로와 사비. 일할 때면 지칠 줄 모를 정도로 힘이 좋은 마츠무라 씨이지만
사비와 시로의 넘치는 기운에는 혀를 내두른다.

이럴 줄 알았다

정신없이 뛰어다니다가
움푹 파인 곳에 발이 빠지더니
얼굴을 박으며 나동그라졌다.
시로를 보면서 시름을 잊는다.

할아버지와의 산책

마츠무라 씨가 소 먹이를 구하러

멀리 나가거나 강연을 하러

마을을 떠날 때면

마츠무라 씨의 아버지가

시로, 사비와 같이 산책을 하며 놀아 준다.

멈추고 뒤돌아 기다린다

언제나 사이가 좋은 시로와 사비는 같은 어미에게서 태어났는데도 무늬도 성격도 아주 다르다.

최고의 사냥꾼인 사비가 쥐나 참새를 잡으려고 몸을 잔뜩 숨기고 있으면 눈치 없는 시로가 당당하게 나타나 산통을 깨트리기 일쑤이다. 시로의 등장에 사냥감은 꽁지 빠져라 달아나 버리고 사비는 허탈해진다. 이런 시로와 사비 덕분에 마츠무라 씨는 웃는다.

물론 닮은 점도 있다. 두 녀석 모두 손님 접대는 최고이다. 내가 방문할 때면 두 녀석 모두 내 무릎에 올라와서 품에 안긴다. 그럴 때면 마츠무라 씨는 "내 무릎에는 올라오지도 않으면서…"라며 살짝 질투를 한다.

산책에 동행할 때면 마츠무라 씨의 뒤를 시로와 사비가 따라가고 그뒤로 내가 촬영을 하며 따라간다. 그런데 시로와 사비는 항상 조금 걷다가 뒤를 돌아 내가 잘 쫓아오는지 확인한 후 다시 걷는다.

평소에 없던 내가 산책길에 동행하는 것이 신경 쓰이는 것인지, 잘 따라오는지 걱정이 되는 것인지 모르지만 가던 길을 멈추고 뒤돌아 나를 기다려 주는 모습이 예쁘고 고맙다.

불쌍하지만 어쩌겠어

마츠무라 씨는 현재 세계적으로 많이 알려진 인물이지만 2011년 동일본대지진 당시에도 후쿠시마의 동물 구호자들 사이에서는 모르는 사람이 없을 정도로 유명했다. 나도 소문을 듣고 만나고 싶었는데 어느 날 우연히 만나게 되었다.

그날 길에 선 채 그에게서 후쿠시마에 남겨진 개와 고양이에 대해 이야기를 듣고 있을 때 순찰차가 지나갔다. 당시 그곳은 원전 폭발 사고 20킬로미터 이내로 일반인 출입이 금지된 경계 구역이었다. 경찰에게 딱 걸렸으니 귀찮게 생겼네 싶어서 나는 내심 당황했는데 마츠무라 씨를 본 경찰은 멈추지 않고 그냥 지나갔다. 그때나 지금이나 마츠무라 씨는 이 지역에서는 누구도 건드릴 수 없는 존재이다.

인간도 동물도 같은 생명이다. 하지만 가축의 생명은 다르다. 인간을 위한 식재료가 될 때는 그나마 의미가 있지만 방사능에 피폭이 되어 먹을 수 없게 되자 '아무 의미도, 아무 필요도 없게' 되어 버렸다.

정부는 경계 구역 내의 가축에 대해 살처분 명령을 내렸지만 마츠무라 씨는 가축이 죽어 나가는 것을 손 놓고 보고 있을 수만은 없었다. 그래서 남겨진 동물들을 돌보기 시작했고 덕분에 많은 동물이 생명을 이어가고 있다. 이건 다 마츠무라 씨가 굳은 의지로 홀로 남아 고군분투하고 있기 때문이다.

나는 몇 년째 후쿠시마를 오가며 의미도 없이 죽어 가는 동물들을 많이 봤다. 그리고 이 비극의 원인이 뭔지 생각해 보았다. 물론 원전을 폐기하지 않은 정부의 잘못도 있지만 나를 포함한 인간들의 생명에 대한 인식이 너무 부족했기 때문이기도 하다.

이 어마어마한 비극 앞에서 "어쩔 수 없잖아.", "불쌍하지만 어쩌겠어."라며 쉽게 고개를 돌려 버리고 어떤 행동도 하지 않는 우리의 탓도 크다. 한 사람 한 사람이 버려진 한 생명이라도 구하려는 의지가 있었다면 덧없이 죽어 가는 동물들을 좀 더 많이 살릴 수 있었을 것이다.

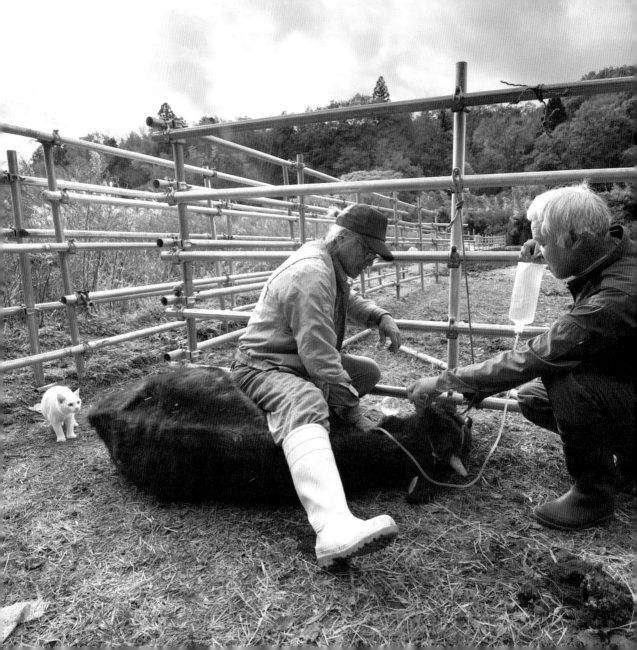

약해진 소 돌보기

소를 돌보는 일은 호락호락하지 않다.
소들에게도 서열이 있어서 기가 약한 소는
쉽사리 먹는 틈에 끼이지 못해서 점점 약해진다.
약해진 소를 살펴보기 위해서 수의사 선생님이 오신 날.
호기심 많은 시로가 무슨 일인지 놀라서 달려왔다.

후쿠시마를 알리다

마츠무라 씨는 일본보다 해외에서 더 많이 알려졌다.

미국, 프랑스, 독일….

바쁜 세계 여러 나라의 언론 취재에 응하는 마츠무라 씨와 호기심쟁이 시로.

시로와
사비
그리고

아기 고양이들

2014년 4월 시로와 사비가 사이 좋게 새끼를 낳았다. 아마도 새끼들의 아빠는 살아남아 떠도는 고양이일 것이다. 시로와 사비, 사이 좋은 자매더니 출산도 함께했다.

시로가 다섯 마리를 낳은 며칠 후 사비도 다섯 마리를 낳았다. 열 마리의 새끼들을 종이 박스에 넣어주니 시로와 사비는 이제야 됐다는 듯 편안하게 교대로 새끼를 돌보기 시작했다.

공동 육아를 하는 탓에 누가 누구의 새끼인지 알

수 없게 되었지만 작은 몸으로 씩씩하게 열 마리의 새끼 고양이를 기르는 시로와 사비의 모습이 대견했다. 이런 상황 속에서 새 생명을 낳아 기르는 모습에 뭉클했다.

그중에 세 마리는 입양을 가고 남자 녀석 일곱 마리가 시로, 사비와 함께 살고 있다. 마츠무라 씨는 새끼들의 이름 역시 있는 그대로 지었다. 흰색 털의 새끼는 흰둥이, 검은색 털의 다섯 마리는 모두 검둥이, 갈색 무늬의 새끼는 호랑이라고 지었다. 이름도 수수하기 짝이 없다.

새끼들은 쑥쑥 자라서 어미인 시로와 사비의 뒤를 열심히 쫓아다닌다. 새끼들이 어미와 계속 함께 살지, 각자의 영역을 찾아서 떠날지 지금은 알 수 없다.

만약 이곳을 떠나게 된다면 그들은 본능에 따라 들고양이로 살 것이다. 마츠무라 씨의 뒤를 졸졸 쫓아 산책하는 시로와 사비를 보면서 언젠가 떠날지도 모르는 새끼들의 미래에 대하여 혼자 생각에 빠져들었다.

분노와 슬픔 속에 얼핏 찾아드는 행복

　나는 2011년 3월 11일 동일본대지진에 이은 쓰나미와 원전 폭발 사고 직후 후쿠시마를 찾았다. 내가 찾은 곳은 후쿠시마에서도 원전 사고 지역으로부터 20킬로미터 이내의 지역이어서 당시는 사람들의 숙박은 물론 왕래도 금지된 경계 구역이었다.

　나는 그곳에서 모두 사라져 버린 곳에 남겨진 채 사람들이 돌아오기를 기다리는 동물들, 나무들, 텅 빈 거리와 마주했다. 언젠가 모두 돌아와 이제껏 살던 것처럼 살 날을 기다리는 모든 것과 떠난 이들을 기다리는 것들을 보면서, 살던 이들이 모두 돌아오지 않는다면 진정한 의미의 복구라고 할 수 없다고 생각했다.

　그사이 4년이 흘렀다. 현재 경계 구역은 해제되었지만 도미오카 마을을 비롯해 사고가 난 원전에서 20킬로미터 이내의 지역 중 90퍼센트 이상에서는 지금도 사람이 살 수 없다.

　하지만 사람들이 사라진 마을에서 개, 고양이 등 사람들과 함께 살던 반려동물은 여전히 배고픔과 싸우면서 살고 있다. 다행히 뜻있는 사람들이 꾸준히 밥을 주고 있어서 생명을 이어 나간다.

　후쿠시마에 남겨진 동물 중에는 가축도 있다. 인간에게 가축은 잡아먹기 위한 경제적 가치로 존재한다. 그런데 방사능에 오염되어 식재료로서의 가치를 잃자 버려져서 굶어 죽거나 정부에 의해 살처분되었다. 다행히 굶주림과 살처분에서 살아남은 몇 마리가 이 책의 주인공인 마츠무라 씨를 포함해 10곳에서 목장을 꾸려 가고 있는 사람들 덕분에 겨우 목숨을 이어가고 있다.

　일본 정부는 후쿠시마에 남겨진 동물들에 대해 아무 일도 없었던 초기 상태로 되돌리고 싶어한다. 한마디로 '리셋(reset, 초기화)'하고 싶은 것이다. 단번에 모든 동물을 깨끗하게 없애고 다시 시작하는 것이 복원에 가장 효과적이라고 생각하는 듯하다. 물론 그렇게 하는 것이 복구 작업을 하는 가장 쉬운 방법일 수 있다.

　하지만 오랜 세월 인간과 함께 살아온 개, 고양이, 가축을 이런 말도 안 되는 이유로 무

자비하게 없앨 수는 없다. 그래서 마츠무라 씨도 행동에 나선 것이다. 지금까지 함께 살아온 동물들도 후쿠시마의 주민이기 때문이다. 모든 생명을 없애 버리는 것이 진정한 복구일지 정부에 묻지 않을 수 없다.

원전 폭발 사고 이후 마츠무라 씨는 끈질기게 싸워 왔다. 무슨 일이 있어도 동물들을 쓰레기 치우듯 죽일 수 없다고 정부, 전력회사와 맞서 싸우고 또 싸웠다. 그런데 그랬던 그에게 어느 순간 변화가 일어났다. 바로 두 마리의 고양이 시로, 사비와 함께 살면서부터이다. 물론 마츠무라 씨는 여전히 정부, 전력회사와 맞서서 싸우고 있지만 한 편으로는 다른 일에도 힘을 쏟기 시작했다. 후쿠시마의 재생을 위한 일을 시작한 것이다.

마츠무라 씨가 입양한 두 마리 고양이는 대지진 이후에 태어난 고양이다. 폐허가 된 땅에서 새 생명이 태어나 자라는 것을 보고 마츠무라 씨는 새로운 각오를 하게 되었다.

"그래, 비록 방사능으로 오염된 곳이지만 함께 살아 보자."

그들이 머무는 곳은 사람이 살지 않는, 오염된, 극한의 지역이다. 그런데 두 마리 고양이와 함께 살면서 슬픔과 분노로 꽉 찼던 마음 속에 얼핏 행복한 마음이 찾아 드는 것을 느끼게 되었다.

사람이 사라진 상황은 분명 슬프지만 후쿠시마의 자연은 여전히 아름답다. 인간들이 후쿠시마에 산적한 해결하지 못할 일들로 언성을 높일 때 그 옆에서 천진난만하게 놀고 있는 시로와 사비를 보면 행복해 보인다. 먹고 자는 걱정 없이 자연 속에서 자유를 만끽하는 그들을 보다가 문득 어쩌면 이곳이 고양이가 살기에 가장 이상적인 곳이 아닐까라는 생각을 하기도 했다.

　마츠무라 씨는 대지진 전에는 산에서 나물을 뜯고 강에서 고기를 잡으며 생활했다. 지금은 땅도 물도 오염되어서 앞으로 다시는 그런 생활을 하며 살 수는 없지만 마츠무라 씨는 시로와 사비, 새끼들, 많은 동물들과 함께 태어나고 자란 이곳 후쿠시마에서 앞으로도 살아갈 것이다. 아마도 마츠무라 씨가 실천하고 있는 이 삶이 후쿠시마에서 동물과 함께 사는 삶의 본보기가 되지 않을까.

　부디 시로와 사비를 비롯해 후쿠시마에 남겨진 모든 동물들이 두 번 다시 비극에 휘말리지 않고, 언제까지나 이 행복을 이어가기를 바란다.

책공장더불어의 책

후쿠시마에 남겨진 동물들
(미래창조과학부 선정 우수과학도서, 환경부 선정 우수환경도서, 환경정의 청소년 환경책 권장도서)
2011년 3월 11일, 대지진에 이은 원전 폭발로 사람들이 떠난 일본 후쿠시마. 다큐멘터리 사진작가가 담은 '죽음의 땅'에 남겨진 동물들의 슬픈 기록.

유기동물에 관한 슬픈 보고서
(환경부 선정 우수환경도서, 어린이도서연구회에서 뽑은 어린이·청소년 책, 한국간행물윤리위원회 좋은 책, 어린이문화진흥회 좋은 어린이책)
동물보호소에서 안락사를 기다리는 유기견, 유기묘의 모습을 사진으로 담았다. 인간에게 버려져 죽임을 당하는 그들의 모습을 통해 인간이 애써 외면하는 불편한 진실을 고발한다.

버려진 개들의 언덕
인간에 의해 버려져서 101번지 골목길에 살게 된 개들의 이야기. 학대를 당하고, 유기견 추격대에 쫓기면서도 새끼를 낳고, 우정을 나누며 치열하게 살아가는 생명들의 2년간의 섬세한 관찰기.

인간과 동물, 유대와 배신의 탄생
(환경부 선정 우수환경도서)
미국 최대의 동물보호단체 휴메인소사이어티 대표가 쓴 21세기 동물해방의 새로운 지침서. 농장동물, 산업화된 반려동물산업, 실험동물, 야생동물 복원에 대한 허위 등 현대의 모든 동물학대에 대해 다루고 있다.

동물원 동물은 행복할까?
(환경부 선정 우수환경도서, 학교도서관저널 추천도서)
동물원에 사는 북극곰은 야생에서 필요한 공간보다 100만 배, 코끼리는 1,000배 작은 공간에 갇혀 있다. 야생동물보호운동 활동가인 저자가 기록한 동물원에 갇힌 야생동물의 참혹한 삶.

동물 쇼의 웃음 쇼 동물의 눈물
(한국출판문화산업진흥원 청소년 권장도서, 환경부 선정 우수환경도서)
동물 서커스와 전시, TV와 영화 속 동물 연기자, 투우, 투견, 경마 등 동물을 이용해서 돈을 버는 오락산업 속 고통받는 동물의 숨겨진 진실을 밝힌다.

야생동물병원 24시
(어린이도서연구회에서 뽑은 어린이·청소년 책)
로드킬 당한 삵, 밀렵꾼의 총에 맞은 독수리, 건강을 되찾아 자연으로 돌아가는 너구리 등 대한민국 야생동물이 사람과 부대끼며 살아가는 슬프고도 아름다운 이야기.

똥으로 종이를 만드는 코끼리 아저씨
(환경부 선정 우수환경도서, 한국출판문화산업진흥원 청소년 권장도서)
코끼리 똥으로 만든 재생종이 책. 코끼리 똥으로 종이와 책을 만들면서 사람과 코끼리가 평화롭게 살게 된 이야기를 코끼리 똥종이에 그려냈다.

채식하는 사자 리틀타이크
(아침독서 추천도서, 교육방송 EBS 〈지식채널e〉 방영)
육식동물인 사자 리틀타이크는 평생 피 냄새와 고기를 거부하고 채식 사자로 살며 개, 고양이, 양 등과 평화롭게 살았다. 종의 본능을 거부한 채식 사자의 9년간의 아름다운 삶의 기록.

고등학생의 국내 동물원 평가 보고서
인간이 만든 '도시의 야생동물 서식지' 동물원에서는 무슨 일이 일어나고 있나? 국내 9개 주요 동물원이 종보전, 동물복지 등 현대 동물원의 역할을 제대로 하고 있는지를 평가했다.

사람을 돕는 개
(한국어린이교육문화연구원 으뜸책)
안내견, 청각장애인 도우미견, 인명구조견, 흰개미탐지견, 검역견 등 우리가 몰랐던 사람을 돕는 개 이야기.

치료견 치로리
(어린이문화진흥회 좋은 어린이책)
비 오는 날 쓰레기장에 버려진 잡종개 치로리. 죽음 직전 구조된 치로리는 치료견이 되어 전신마비 환자를 일으키고, 은둔형 외톨이 소년을 치료하는 등 기적을 일으킨다.

개에게 인간은 친구일까?
인간에 의해 버려지고 착취당하고 고통받는 우리가 몰랐던 개 이야기. 다양한 방법으로 개를 구조하고 보살피는 사람들의 이야기가 그려진다.

용산 개 방실이
(어린이도서연구회에서 뽑은 어린이·청소년 책, 평화박물관 평화책)
용산에도 반려견을 키우며 일상을 살아가던 이웃이 살고 있었다. 용산 참사로 갑자기 아빠가 떠난 뒤 24일간 음식을 거부하고 스스로 아빠를 따라간 반려견 방실이 이야기.

동물과 이야기하는 여자
SBS 〈TV 동물농장〉에 출연해 화제가 되었던 애니멀 커뮤니케이터 리디아 히비가 20년간 동물들과 나눈 감동의 이야기. 병으로 고통받는 개, 안락사를 원하는 고양이 등과 대화를 통해 문제를 해결한다.

펫로스 반려동물의 죽음
(아마존닷컴 올해의 책)
동물 호스피스 활동가 리타 레이놀즈가 들려주는 반려동물의 죽음과 무지개다리 너머의 이야기. 펫로스(pet loss)란 반려동물을 잃은 반려인의 깊은 슬픔을 말한다.

강아지 천국
반려견과 이별한 이들을 위한 그림책. 들판을 뛰놀다가 맛있는 것을 먹고 잠들 수 있는 곳에서 행복하게 지내다가 천국의 문 앞에서 사람 가족이 오기를 기다리는 무지개다리 너머 반려견의 이야기.

고양이 천국
(어린이도서연구회에서 뽑은 어린이·청소년 책)
고양이와 이별한 이들을 위한 그림책. 실컷 놀고 먹고 자고 싶은 곳에서 잘 수 있는 곳. 그러다가 함께 살던 가족이 그리울 때면 잠시 다녀가는 고양이 천국의 모습을 그려냈다.

햄스터
햄스터를 사랑한 수의사가 쓴 햄스터 행복·건강 교과서. 습성, 건강관리, 건강식단 등 햄스터 돌보기 완벽 가이드.

나비가 없는 세상
(어린이도서연구회에서 뽑은 어린이·청소년 책)
고양이 만화가 김은희 작가가 그려내는 한국 최고의 고양이 만화. 신디, 페르캉, 추새. 개성 강한 세 마리 고양이와 만화가의 달콤쌉싸래한 동거 이야기.

깃털, 떠난 고양이에게 쓰는 편지
프랑스 작가 클로드 앙스가리가 먼저 떠난 고양이에게 보내는 편지. 한 마리 고양이의 삶과 죽음, 상실과 부재의 고통, 동물의 영혼에 대해서 써내려간다.

임신하면 왜 개, 고양이를 버릴까?
임신, 출산으로 반려동물을 버리는 나라는 한국이 유일하다. 세대 간 문화충돌, 무책임한 언론 등 임신, 육아로 반려동물을 버리는 사회현상에 대한 분석과 안전하게 임신, 육아 기간을 보내는 생활법을 소개한다.

개·고양이 자연주의 육아백과
세계적 홀리스틱 수의사 피케른의 개와 고양이를 위한 자연주의 육아백과. 40만 부 이상 팔린 베스트셀러로 반려인, 수의사의 필독서. 최상의 식단, 올바른 생활습관, 암, 신장염, 피부병 등 각종 병에 대한 세세한 대처법도 자세히 수록되어 있다.

개, 고양이 사료의 진실
미국에서 스테디셀러를 기록하고 있는 책으로 반려동물 사료에 대한 알려지지 않은 진실을 폭로한다. 2007년도 멜라민 사료 파동 취재까지 포함된 최신판이다.

개 피부병의 모든 것
홀리스틱 수의사인 저자는 상업사료의 열악한 영양과 과도한 약물 사용을 피부병 증가의 원인으로 꼽는다. 제대로 된 피부병 예방법과 치료법을 제시한다.

개가 행복해지는 긍정교육
개의 심리와 행동학을 바탕으로 한 긍정 교육법으로 50만 부 이상 판매된 반려인의 필독서이다. 짖기, 물기, 대소변 가리기, 분리불안 등의 문제를 평화롭게 해결한다.

인간과 개, 고양이의 관계심리학
함께 살면 개, 고양이는 닮을까? 동물학대는 인간학대로 이어질까? 248가지 심리실험을 통해 알아보는 인간과 동물이 서로에게 미치는 영향에 관한 심리 해설서.

우리 아이가 아파요!
개·고양이 필수 건강 백과
새로운 예방접종 스케줄부터 우리나라 사정에 맞는 나이대별 흔한 질병의 증상·예방·치료·관리법, 나이 든 개, 고양이 돌보기까지 반려동물을 건강하게 키우는 데 꼭 필요한 필수 건강백서.

차라리 개인 게 낫겠어
갑상샘암에 걸린 암 수술 전문 수의사가 동물 환자에게 배운 질병과 삶의 기쁨에 관한 이야기가 유쾌하고 따뜻하게 펼쳐진다.

후쿠시마의 고양이
동물들을 마지막까지 지켜주고 싶습니다

초판 1쇄 펴냄 2016년 4월 22일
초판 2쇄 펴냄 2016년 10월 2일

지은이 오오타 야스스케
옮긴이 하상련
펴낸이 김보경
펴낸곳 책공장더불어

편 집 김보경
교 정 김수미
디자인 네거티브 H
인 쇄 정원문화인쇄

주 소 서울시 종로구 혜화동 5-23
대표전화 (02)766-8406
팩 스 (02)766-8407
이메일 animalbook@naver.com
홈페이지 http://blog.naver.com/animalbook
출판등록 2004년 8월 26일 제300-2004-143호

ISBN 978-89-97137-19-0 (03300)